DISCOURS

PRONONCÉ

POUR LA SECONDE TRANSLATION

DES RELIQUES

DE

S. JEAN-FRANÇOIS RÉGIS,

A LALOUVESCQ, LE 3 SEPTEMBRE 1834,

PRÉCÉDÉ DE LA

RELATION

DE CETTE CÉRÉMONIE.

LYON,

CHEZ M. P. RUSAND, IMPRIMEUR-LIBRAIRE.

1834.

RELATION

DE LA SECONDE TRANSLATION

DES RELIQUES

DE

S. JEAN-FRANÇOIS RÉGIS.

A Lalouvescq, septembre 1834.

Ni la foi ni la piété ne sont éteintes encore en notre France. Ce christianisme que l'on n'y veut plus voir que comme une institution chancelante et vieillie, quelles profondes racines il conserve encore dans les cœurs des peuples, et de quelle majesté, de quelle vigueur, de quel éclat brille-t-il à leurs yeux, dans des jours pareils à celui qui vient de luire au glorieux tombeau de l'Apôtre du Vivarais, de Saint François Régis!

Le 3 septembre était fixé depuis long-temps pour la translation de ses précieuses reliques. A l'approche du grand jour, les populations du Vivarais et des contrées environnantes s'ébranlent de concert; les sentiers qui conduisent au hameau immortel de Lalouvescq se couvrent d'une foule pieuse et empressée, et dès la veille de la fête l'intérieur et toutes les avenues de la chapelle sont inondés de pélerins.

D'autres pélerinages peuvent le disputer à celui de Lalouvescq pour la célébrité et les prodiges extérieurs; mais il n'en est peut-être pas un seul où éclatent d'une manière aussi sensible le pouvoir miraculeux sur les âmes et la force convertissante du Saint invoqué. Nulle part nous n'avons vu des signes de foi et de dévotion aussi visiblement, aussi ostensiblement manifestés. Dans cette foule immense qui se presse et se renouvelle sans cesse autour du tombeau sacré, tous les cœurs, toutes les bouches, tous les regards même semblent se confondre dans une même expression de vénération profonde et de tendre confiance. Là on n'entend ni les pas des curieux ni les discours des profanes; là on n'est attristé ni des attitudes de l'indifférence ni des airs de l'impiété : partout les yeux ne rencontrent que modestie, recueillement, ferveur; le bruit des chants et des prières trouble seul le religieux silence de la multitude. La nuit qui précède le beau jour arrive, et l'église ne désemplit point :

les portes en restent ouvertes pendant la nuit entière, et pendant la nuit tout entière l'affluence ne diminue pas un instant. On se présente en foule aux tribunaux de la réconciliation; on s'approche de la table sainte; on fait toucher mille objets pieux aux reliques sacrées; on ne peut se détacher des autels, où, depuis minuit, s'offre perpétuellement le divin sacrifice. Parmi ces religieuses occupations, on oublie ses fatigues, on ne sent plus les besoins du corps, et des femmes arrivées la veille, de quinze ou vingt lieues de distance, passent toute une nuit dans la prière, et voient s'écouler le milieu du jour suivant, en attendant le moment de participer à la divine Eucharistie.

Cependant l'aurore du 3 septembre apparaissait pure et vermeille, embellie encore des craintes qu'avaient jetées dans tous les cœurs les pronostics défavorables et ordinairement infaillibles des jours précédens. Le concours augmente d'heure en heure : on attend avec impatience le moment fixé pour la cérémonie. A 8 heures elle s'ouvre par une messe solennelle; elle est célébrée par Monseigneur l'évêque de Viviers, évêque diocésain, qui préside à la Translation. Il est accompagné de Monseigneur l'évêque administrateur de Lyon, arrivé la veille, et que la paroisse s'était empressée d'aller recevoir : Monseigneur de Belley était à Lalouvescq depuis l'avant veille. Ni l'âge, ni l'aspérité des chemins n'avaient pu arrêter ces vénérables Prélats ; ils avaient triomphé de tous les obstacles, pour donner à St. Régis une preuve publique de leur vénération : leur présence double l'éclat de la fête, et ajoute encore à la religion des peuples.

A l'issue de la Messe, commence la procession. Les femmes et les jeunes filles rangées sous leurs bannières, forment comme la tête du cortége ; les hommes viennent ensuite, puis les confréries de pénitens : les ecclésiastiques marchent devant les reliques du Saint, portées par des prêtres nombreux qui se relèvent sous cet honorable fardeau, et suivies des trois Evêques. Le nom de Régis est invoqué dans des litanies harmonieuses : tous les esprits sont attentifs, tous les cœurs sont émus. Mais quand, après une marche assez longue, la foule s'élève sur la colline ; quand les vingt-cinq à trente mille personnes, dont la multitude se compose, commencent à s'y déployer, et qu'on y voit s'y entremêler sans s'y confondre les croix et les bannières ; quand les files immenses de filles vêtues de blanc, des religieuses en noir, des femmes au costume varié, s'y croisent et y forment mille contours imposans et gracieux, auxquels viennent se joindre et comme s'entrelacer, aux premières pentes de la colline et au fond de la vallée, les rangs non moins nombreux des pénitens et des hommes de toutes les classes; quand les yeux fatigués de les suivre et se reportant vers la relique, parcourent, sur le penchant de la colline opposée, les deux rangées que forment au-devant des restes précieux un clergé de plus de quatre-cents ecclésiastiques revêtus de leurs surplis d'un blanc éclatant, et qu'au haut de cette même colline, ils aperçoivent, accompagné des trois vénérables Pontifes auxquels la piété fait oublier leur âge, terminant et dominant à la fois toute cette scène majestueuse, le monument éclatant qui renferme les saintes dépouilles; à ce spectacle de piété et de magnificence, l'émotion ne saurait plus se contenir; des cris d'admiration échappent de toutes parts, des larmes coulent; tous les cœurs sont remplis de la majesté du Dieu qui a de tels honneurs pour ses amis, et de la grandeur et de la sainteté d'une religion qui déploie des pompes si augustes pour immortaliser leur mémoire.

A un quart de lieue de Lalouvescq est un tertre verdoyant d'où la vue semble glisser de colline en colline jusqu'au village privilégié : c'est sur cette éminence qu'est déposée la châsse brillante. Une tente élégante et légère la protège ainsi que le trône des Evêques, de ses voiles d'écarlate et de lin : le fond de la scène est fermé par un rideau de pins au sombre et religieux feuillage : la foule se presse autour de la colline.

Un orateur sacré (M. Ruivet, vicaire général de Belley) apparaît tout-à-coup, et debout auprès du saint monument, il jette à la multitude immobile, immense, affamée d'entendre les louanges de son Saint, des paroles solennelles, pleines de l'enthousiasme de la fête et de l'inspiration des lieux. Il parle de Régis, et tout ce qui l'entoure en parle non moins éloquemment que lui, et ces échos qui tant de fois aussi répondirent aux pathétiques accens de l'Apôtre du pays, et ces montagnes escarpées qu'il gravissait avec tant de sueurs, et ces torrens grondant dans le lointain, qu'il franchissait avec tant de périls, et ce village chéri témoin des derniers efforts et des dernières victoires de son zèle, et ce temple champêtre où dorment depuis si long-temps ses ossemens sacrés, et dont les cloches rétentissantes semblent réclamer le dépôt précieux qu'il vient d'abandonner pour quelques instans à la dévotion des peuples. L'orateur réclama, en finissant, la bénédiction épiscopale, en son nom et au nom de la multitude. Ce fut un beau et touchant moment, que celui où cette foule immense, tombée tout-à-coup et comme d'un mouvement spontané aux pieds de son Evêque, reçut dans un profond silence la solennelle bénédiction du Pontife.

La procession reprit alors le chemin du hameau. Aux approches de l'église, tout le peuple s'arrête et, formé en deux haies épaisses, il se prosterne successivement sur le passage de la châsse qui renferme son trésor. Des psaumes triomphans, des strophes inspirées par le génie de Santeuil et consacrées par l'Eglise aux apothéoses de ses Saints, sont chantés à deux chœurs. En entrant au village, un des chœurs ne répète plus que la même strophe; c'est celle qui commence par ces vers: *O nimis felix Lalovescq plaudi, ossa quæ servas pretiosa Regis! Triomphe, ô Lalouvescq! triomphe, ô trop heureux hameau, toi le dépositaire des os sacrés de Régis!...* Nous l'avouons, ces simples paroles nous faisaient tressaillir; et quel cœur n'en eût été ému ? Il eût donc été insensible à ce contraste si frappant d'un village naguère humble, triste, obscur, et tout-à-coup, parce qu'il renferme la cendre d'un pauvre missionnaire, retentissant des hymnes de la religion et tout resplendissant de ses solennités.

Le soir de la fête ne le céda en rien à la matinée, ni pour le concours, ni pour la dévotion des peuples. Aux approches de la nuit, un panégyrique du Saint réunit dans la chapelle tout ce qui se trouvait sur les lieux d'auditeurs plus distingués. L'orateur, qui avait eu à peine quelques jours de préparation, se montra à la hauteur de son sujet. Son discours nous parut se recommander surtout par la netteté des idées et par la facilité et la richesse des détails. Des développemens intéressans, de vives descriptions, des applications heureuses, des allusions délicates ne laissèrent pas languir un seul instant l'auditoire. Le panégyriste devint entraînant lorsque, saisissant le côté moral de son sujet, il développa avec force tout ce qui manquait encore à l'apostolat de Régis dans la coopération des chrétiens accourus à son tombeau ; pathétique lorsque, substituant cet Apôtre à sa place, dans cette chaire même où se firent entendre ses derniers accens, il adressa, en son nom, des exhortations et des prières ; sublime lorsque, s'appropriant le commandement fait au Fils de l'homme de prophétiser sur des ossemens : *Vaticinare super ossibus istis*, il annonça, au nom des ossemens sacrés de Régis, des bénédictions multipliées, et *à ces prélats, grands de leur illustration personnelle et des souvenirs de leurs églises ; et à cette élite du clergé, dont la présence ajoute à la fois au zèle des peuples et à la gloire d'un glorieux sépulcre ; et à cette famille de frères courageux qui, se dévouant dans des temps difficiles pour sauver les restes de son Apôtre, a désormais rendu son nom et son éloge inséparables de l'éloge et du nom de Régis ; et à ces pèlerins nombreux, dont la piété transmise de famille en famille, vient sans cesse demander des miracles ou apporter des actions de grâces au tombeau du thaumaturge de leurs montagnes ; et à la France, enfin, tout entière qui, dans Régis, présente avec orgueil un de ses plus illustres enfans, et vénère avec amour un de ses plus fidèles protecteurs.*

C'était trop peu d'un jour pour suffire à tant de piété et à tant d'hommages : les huit jours qui ont suivi la translation n'ont pas cessé de voir un grand nombre de pélerins se presser autour des précieuses reliques. Depuis près de deux siècles, le culte de François Régis n'a pas vieilli d'un jour dans ces contrées, dévorées autrefois d'hérésie et de libertinage : il semble, au contraire, y acquérir tous les jours plus d'étendue et plus d'empire. Effet admirable de la sainteté! elle ranime, pour ainsi dire, elle réchauffe et vivifie des cendres froides et inanimées. La désolation du tombeau disparaît sous l'appareil des fêtes, et la stérilité de la mort devient féconde. Le cœur de l'Apôtre brûle encore de charité sous les marbres glacés qui le couvrent ; ses mains miraculeuses y restent libres pour les prodiges ; sa voix s'y fait entendre plus forte que jamais sur les cœurs. Est-ce là le triomphe de la mort, ou plutôt la victoire anticipée de l'immortalité? Et le chrétien fidèle douterait-il encore de la gloire qui doit un jour revêtir ses mortelles dépouilles, lorsqu'il voit des cendres saintes et chéries triompher avant le temps de l'humiliation du tombeau, et lui offrir, dans une résurrection commencée, le gage et comme l'essai de sa résurrection future?

Par un témoin oculaire de la Translation.

DISCOURS

PRONONCÉ

POUR LA SECONDE TRANSLATION

DES RELIQUES

DE

S. JEAN-FRANÇOIS RÉGIS,

Le 3 septembre 1834, en présence de trois évêques, de cinq cents prêtres environ, et de plus de vingt mille personnes, réunis dans un vaste champ à Lalouvescq, par M. Ruivet, vicaire-général de Belley.

QUEL spectacle imposant se déroule ici à mes regards! Pourquoi cette réunion de Pontifes vénérables? Pourquoi ce concours extraordinaire de ministres des saints autels? Pourquoi cette multitude innombrable de fidèles accourus de toutes parts? Que sont-ils venus voir dans ce désert? *Quid existis in desertum videre* (St-Luc, ch. 7, v. 24)? Ce spectacle me rappelle les temps anciens; et mon esprit, franchissant les espaces, confond le passé avec le présent, croit voir dans ces lieux l'Apôtre admirable du Velay, entraînant après lui de nombreuses populations par l'odeur de ses vertus, par l'efficacité de ses paroles. Tout, en effet, à l'entour de moi, retrace à ma mémoire le souvenir de Jean-François Régis.

Ces lieux austères et pauvres qu'il aimait de préférence me parlent de lui à tous les pas. Combien de fois pour s'y rendre il a bravé les mauvais temps, les frimats, les neiges et les glaces!... Combien de fois il a arrosé de ses sueurs ces chemins difficiles et scabreux! Les bois, les échos d'alentour ont souvent répété les accens touchans de sa voix. C'est dans cette église qu'il a enfanté tant de prodiges, tant de conversions. Ici, c'est une fontaine dont les eaux, après avoir opéré sa propre guérison, ont reçu la faculté d'opérer ensuite tant d'autres guérisons; là c'est une humble chambre où il rendit son âme précieuse à son Créateur. Mais qu'ai-je besoin d'objets étrangers pour me le rappeler? Ses restes précieux, sa dépouille mortelle, ne sont-ils pas présens à mes yeux? Ces ossemens, en apparence inanimés, ne sont-ils pas vivans par la vertu céleste qui émane d'eux et qu'ils communiquent à ceux qui l'invoquent avec confiance? Oui, François Régis vit encore dans ce désert. Ne trouvez pas mauvais, mes très-chers Frères, que, continuant à vous adresser le langage que le Fils de l'homme tenait aux Juifs, à l'occasion du premier prédicateur de la pénitence évangélique, je vous demande : « Etes-vous venus voir dans ce désert un roseau agité par le vent? » *Quid existis videre? arundinem vento agitatam?* A cette question le silence suffit pour François Régis, comme pour Jean-Baptiste. Peut-il, en effet, être appelé un roseau agité par le vent, cet ouvrier incomparable qui travailla avec tant de force, avec tant de constance, et avec tant de succès à détruire l'empire de Satan; cet homme que sa foi inébranlable rendait aussi ferme qu'un rocher, lequel, élevé au milieu de la mer, brave tous les orages et toutes les tempêtes; ce protecteur intrépide des bonnes mœurs, que les fureurs et les menaces des impies et des libertins ne purent jamais intimider? S'il n'eut pas, comme Jean-Baptiste, la gloire d'être le martyr de la pudeur, ne présenta-t-il pas avec courage sa poitrine à la pointe d'une épée que tira contre lui un malheureux, dominé par une passion aveugle et féroce?

Etes-vous venus voir un homme vêtu mollement? *Sed quid existis videre? hominem mollibus vestimentis indutum?* Non, sans doute; car exista-t-il jamais quelqu'un d'une vie plus mortifiée, plus dure, plus austère que celle de François-Régis? Il aurait pu habiter dans le palais des grands, où il avait pris naissance; mais il leur préféra les chaumières des pauvres; il s'appliqua surtout à évangéliser les pauvres; ses délices étaient de converser avec les pauvres, de consoler les affligés, de secourir les malheureux, de soigner, de servir les malades. Plus ils étaient dégoûtans, révoltans même pour la nature, plus ils avaient d'attraits pour cet homme mort aux sens, plus ils avaient droit à sa sollicitude et à la tendresse de sa charité.

Etes-vous venus voir un prophète? *Prophetam etiam?* Oui; car combien il a opéré, pendant sa vie, de miracles dans tous les genres! A combien de peuples il a annoncé les vérités du salut, comme les anciens prophètes! A combien de personnes il a fait entendre, comme Jean-Baptiste, la voix austère de la pénitence! Que de missions il a faites! Combien lui durent leur conversion? Il fut donc prophète pendant sa vie; mais dans un sens, il est plus que prophète.... *et plus quàm prophetam*, puisqu'il prophétise encore après sa mort. Son corps, ses ossemens ne prophétisent-ils pas, selon le langage de l'Ecriture, comme le corps d'Elisée, comme les ossemens de Joseph? Il y a plus; depuis environ deux siècles que Régis a quitté la terre, son corps a-t-il cessé de prophétiser, de prêcher, de convertir? Ses ossemens ne sont-ils pas autant de voix éloquentes qui prêchent la pénitence depuis lors, par cette suite non interrompue de miracles journaliers? Voilà celui que vous êtes venus voir dans le désert. Combien donc votre admiration, votre confiance, ô chrétiens! sont justes et fondées sur de puissans motifs! Lorsque des prélats vénérables par leur âge, par leurs vertus, par leurs talens, sont venus de si loin pour rendre leurs hommages à la dépouille mortelle de Jean-François Régis; lorsqu'ils donnent un témoignage si éclatant de leur dévotion, de leur confiance envers ce grand serviteur de Dieu, ce concours immense, cette confiance générale des peuples, encouragée par de si grands modèles, n'ont rien qui doive surprendre.

Impies, qualifiez maintenant, tant qu'il vous plaira, d'aveugle superstion ce noble élan, ce vif enthousiasme des fidèles; qu'opposerez-vous à des exemples descendus de si haut, donnés par des personnages que vous êtes forcés d'admirer? Qu'opposerez-vous à la voix puissante, aux oracles sacrés émanés du sommet de la chaire pontificale? Lorsque le successeur de Pierre, qui procède avec tant de prudence et tant de maturité dans la canonisation des saints, dans la vérification de leurs titres à la vénération des fidèles, a placé François Régis sur nos autels; lorsqu'il a fait lui-même un si bel éloge de ses vertus, oserez-vous parler de superstition? Peut-elle enfin être suspecte cette confiance des peuples, lorsqu'elle est autorisée, commandée par le Ciel lui-même? Or, son langage est-il inconnu, peut-il être ignoré, lorsque depuis deux siècles le Tout-Puissant célèbre par des merveilles la gloire de son serviteur? Ce ne sont point des miracles obscurs, des miracles opérés une seule fois; ce sont des faits éclatans et publics; ce sont des miracles anciens unis à des miracles nouveaux, des miracles fréquens, des miracles authentiques. Niez, ô incrédules, si vous en avez la témérité, niez l'existence de tant de merveilles! Toutes les populations repousseraient votre impiété avec horreur, avec indignation; et votre voix coupable serait étouffée par la voix puissante et simultanée de la reconnaissance de cette foule de personnes qui publient devoir à la protection de François Régis tant de faveurs diverses qu'elles ont reçues de la divine miséricorde. Rien donc, ô chrétiens! rien de plus légitime que votre dévotion et votre confiance envers François Régis.

Mais existerait-il, dans cette immense multitude, quelqu'un dont la confiance ressemblerait à celle des Juifs envers le temple de Jérusalem : *Le temple du Seigneur ! le temple du Seigneur !* s'écriaient-ils, et d'un autre côté ils oubliaient, ils méprisaient la loi du Seigneur, ils ne la pratiquaient pas. Ah! s'il en était ainsi, si leur confiance n'était fondée que sur des motifs temporels, vils et mercenaires; si elle ne consistait même que dans de vaines démonstrations extérieures, si elle n'était que spéculative, combien elle outragerait Dieu! avec quelle indignation François Régis la rejetterait. Tout son zèle s'allumerait contre ces chrétiens indignes d'un si beau nom; une voix tonnante sortirait de ce tombeau et leur crierait : « Sachez que l'essentiel de la religion consiste à imiter ce qu'on révère; je ne veux point de votre confiance stérile; je rejette vos hommages; commencez à réformer votre conduite et vos mœurs. » Dans le vrai, n'est-ce pas ce que Régis prêchait par ses discours simples, mais énergiques et accompagnés d'une onction toute divine ? Alors les populations accouraient pour l'entendre et faisaient de dignes fruits de pénitence. Accourez tous aussi pour l'entendre, ô chrétiens ! approchez de ce reliquaire honorable où il repose, où il vit quoique mort, où il vous parle avec non moins d'énergie qu'autrefois. Et d'abord, ô vous, lâches chrétiens qui voulez concilier le Christ avec Bélial, qui ne servez Dieu qu'à demi, n'entendez-vous pas au fond de votre conscience une voix qui vous dit avec force : « François-Régis était plein de courage pour servir Dieu ; c'est pourquoi Dieu l'honore après sa mort ; et toi, tu es sans zèle pour ton salut ; que deviendras-tu donc après cette vie périssable ? Ta tiédeur soulèvera le cœur de ton Dieu ! » Venez à votre tour, chrétiens immortifiés, vous qui ne connaissez pas, qui n'aimez pas, qui redoutez la croix de Jésus-Christ ; vous tous qui trouvez le joug du Seigneur trop pénible à porter, dites-moi : est-ce en fuyant la croix comme vous faites, n'est-ce pas en la portant à la suite du Sauveur avec courage et générosité que Régis a mérité la récompense de ses travaux et de ses souffrances? Votre conscience, réveillée par la vue de ces ossemens sacrés, ne vous reproche-t-elle pas vos résistances à la grâce, vos murmures dans les afflictions? Régis fut un véritable disciple de Jésus crucifié; c'est pourquoi il est glorifié après sa mort: Imitez-le donc...

Et vous, arbres stériles qui, tout brillans de verdure, ne portez cependant aucun fruit; vous, serviteurs inutiles, qui ne faites pas fructifier les talens, les grâces dont Dieu ne cesse de vous combler, oseriez-vous dire que c'est en vous imitant que Régis, à la fin de sa carrière, a mérité d'entendre de la bouche de Dieu ces paroles consolantes : BON ET FIDÈLE SERVITEUR, ENTREZ DANS LA JOIE DE VOTRE MAÎTRE? Combien de fois ce zélé missonnaire a répété aux indifférens, avec quelle force ses restes sacrés répètent encore cette terrible sentence du Fils de l'homme : *Jetez le serviteur inutile dans les ténèbres extérieures où seront les pleurs et les grincemens de dents !...*

Je ne m'adresse pas aujourd'hui aux pécheurs endurcis dans le crime, aux vindicatifs, aux voluptueux, aux avares, aux ambitieux, aux orgueilleux, aux amateurs d'eux-mêmes. Je ne dois pas supposer que des personnes semblables soient venues se mêler parmi les admirateurs de ce grand serviteur de Dieu. Si néanmoins il s'en trouvait, je les conjurerais instamment d'implorer avec larmes la protection puissante de celui qui, pendant sa vie, avait tant de zèle pour la conversion des pécheurs, et qui ne cesse, après sa mort, de s'intéresser pour eux. Je les presserais de ressusciter du tombeau de leurs iniquités, de profiter de ces jours de grâces et de bénédictions, de mettre ordre à leur conscience, de ne pas sortir de ce lieu, de cette cérémonie auguste sans promettre à François Regis de briser, avec le secours de la grâce, leurs funestes chaînes. Oui, dites, ô pécheurs! dites sincèrement avec un grand pécheur : *C'en est fait, je commence dès ce moment. La droite du Très-Haut a changé mon cœur*.... Fasse le ciel qu'à votre retour dans vos foyers, vos anciennes habitudes ne reprennent pas sur vous leur déplorable empire.... Mais pourquoi tenir ce langage devant des chrétiens qu'un saint zèle amène pour la plupart de si loin pour honorer le triomphe de l'humble François Régis? Qui peut méconnaître les motifs religieux qui leur ont fait quitter leur pays, leurs affaires, leur famille? Ils profitent de ces jours de bénédictions abondantes, afin d'obtenir quelques faveurs spirituelles particulières pour eux-mêmes ou pour ceux qui les intéressent de près. C'est un père, c'est une mère qui viennent solliciter le retour d'un enfant prodigue qui leur arrache tant de larmes. C'est le tribut de leur reconnaissance que viennent acquitter plusieurs, à l'exemple du lépreux samaritain, pour des bienfaits reçus de Dieu par l'intercession de Régis. Il en est aussi que des besoins temporels amènent avec confiance devant celui qui pendant sa vie s'employait avec tant d'ardeur à pourvoir aux nécessités de tous les malheureux. Que votre tendre charité continue, ô grand Saint! à vous rendre favorable aux humbles supplications de tous ceux qui recourent à vous avec confiance. Ah! combien cette confiance est légitime! Une vertu puissante éclate d'une manière visible en ces lieux privilégiés : comment révoquer en doute ce que tout le monde avoue et confesse hautement? Proclamons donc aussi pour l'honneur de François-Régis, pour la gloire de notre sainte religion, ce que des miracles fréquens dans l'ordre spirituel et corporel attestent; proclamons, avec la force de la vérité, que le bras du Tout-Puissant n'est pas raccourci, et que chaque jour on voit se vérifier cette parole du prophète : « Dieu est admirable dans ses saints. » *Mirabilis Deus in Sanctis suis*. Publiez chacun dans vos pays, mes très-chers frères, les merveilles que le Tout-Puissant opère dans ces déserts, par le ministère de son serviteur. Remportez dans vos familles quelque souvenir de François Régis, comme serait un exemplaire de sa vie, un livre de piété qui traite de ses vertus, ne fut-ce qu'une médaille, qu'une image qui, parlant à vos sens, parlerait à vos cœurs et vous porterait à l'imiter.

Honneur, actions de grâces, reconnaissance soient donc rendus à cette famille fidèle (1) qui, dans des temps malheureux, s'exposa courageusement, afin de soustraire à la fureur de l'impieté la dépouille mortelle de François Régis, source de tant de merveilles et de tant de bienfaits. Que cette contrée serait ingrate si jamais elle méconnaissait le service signalé qui lui a été rendu! Mais vous avez, ô frères généreux! ambitionné une récompense plus durable et plus relevée, celle qui vient d'en haut et qui est décernée par une main immortelle.

---

(1) Les frères Buisson de Lalouvescq.

Pontife vénérable (1), dont la haute piété, en procurant à l'Apôtre du Velay un plus grand honneur, nous procure à nous-mêmes et à ce nombre incroyable d'assistans la faveur bien appréciée d'être témoins de l'un des plus beaux et des plus touchans spectacles, jouissez de la consolation et du mérite attachés à une action aussi éminemment utile à tous, et qui fera époque dans les annales de votre épiscopat.

Et vous Prélat si respectable (2), qui administrez avec tant de sagesse le troupeau de Pothin et d'Irénée, ah! votre cœur s'est dilaté à la vue des nouveaux honneurs rendus à un Saint dont la puissance et les faveurs se répandent avec abondance sur une partie considérable de votre diocèse qui avoisine cette terre de miracles.

Et vous aussi, Pontife tendrement chéri du diocèse de Belley (3), vous avez partagé, augmenté par votre présence l'allégresse, l'édification communes, en même temps que votre antique dévotion pour François Régis a

---

(1) Monseigneur l'Evêque de Viviers.

(2) Monseigneur de Pins, archevêque d'Amasie, administrateur apostolique de Lyon.

(3) Monseigneur Devie, évêque de Belley.

éprouvé, dans cette nouvelle Translation, une nouvelle expansion et une satisfaction toute particulière.

Clergé nombreux (1), réuni de tant de contrées différentes et lointaines, oh! combien votre zèle et votre piété envers François Régis, sont un grand, un puissant sujet d'édification pour ce peuple fidèle.

Zélé Pasteur de Lalouvescq (2), votre âme nage dans un torrent de joie, à la vue de tout ce qui se passe aujourd'hui dans cette paroisse confiée à vos soins. Excédé de fatigues et de travaux, vous ne pouviez suffire à la dévotion de tant de fidèles qui affluent ici de toutes parts, vous désiriez, vous cherchiez, et vous avez enfin trouvé des collaborateurs. Et quels collaborateurs? les confrères de Régis lui-même, qui sont intéressés à sa gloire et à continuer son œuvre. Ainsi s'accomplit d'une manière touchante ce que dit le Prophète royal : *Ecce quàm bonum et quàm jucundum habitare fratres in unum*. Qu'il est bon, qu'il est agréable pour des frères d'être réunis à un frère aussi

---

(1) Environ 500 prêtres réunis.

(2) M. le curé de Lalouvesc.

tendrement chéri que Régis, objet de prédilection de l'Eternel et l'instrument de ses miséricordes!

Soyez, ô mon Dieu! béni, loué, surexalté de tant de merveilles opérées jusqu'à ce jour et qui continueront à s'opérer par vous dans ces déserts d'une manière plus active encore, parce que de nouveaux Jean-Baptiste, d'autres François Régis ne cesseront d'y prêcher la pénitence, de ramener les égarés dans les voies du salut, de fortifier les justes, et d'affermir dans tous votre règne, qui doit être le terme de toutes nos sollicitudes et de nos travaux : *Adveniat regnum tuum*, comme il fait en ce moment l'objet de nos vœux et des demandes que nous vous faisons par la médiation de la bénédiction de votre représentant en ce diocèse, que nous réclamons prosternés à ses pieds.

BIBLIOTHEQUE NATIONALE DE FRANCE
3 7531 04426127 0

www.ingramcontent.com/pod-product-compliance
Ingram Content Group UK Ltd.
Pitfield, Milton Keynes, MK11 3LW, UK
UKHW021210230726
13926UKWH00001B/423

9 782014 445763